打通多重记忆思维，
告别死记硬背，轻松"吃透"古诗文

爱上 古诗文 其实很简单

比格豹童书 著/绘 ③

电子工业出版社
Publishing House of Electronics Industry
北京·BEIJING

【目 录】

守株待兔　　选自《韩非子·五蠹》\ 4

元日　　宋·王安石 \ 8

清明　　唐·杜牧 \ 12

九月九日忆山东兄弟　　唐·王维 \ 16

滁州西涧　　唐·韦应物 \ 20

大林寺桃花　　唐·白居易 \ 24

浪淘沙（其七）　　唐·刘禹锡 \ 28

鹿柴　　唐·王维 \ 32

暮江吟　　唐·白居易 \ 36

题西林壁　　宋·苏轼 \ 40

雪梅　　宋·卢钺 \ 44

精卫填海　　选自《山海经·北山经》\48

嫦娥　　唐·李商隐 \52

出塞　　唐·王昌龄 \56

凉州词　　唐·王翰 \60

夏日绝句　　宋·李清照 \64

别董大　　唐·高适 \68

王戎不取道旁李
　　选自《世说新语·雅量》\72

四时田园杂兴（其二十五）
　　宋·范成大 \76

宿新市徐公店　　宋·杨万里 \80

清平乐·村居　　宋·辛弃疾 \84

守株待兔

选自《韩非子·五蠹》

宋人有耕者。田中有株。兔走触株，折颈而死。因释其耒而守株，冀复得兔。兔不可复得，而身为宋国笑。

注

株：树桩。

走：跑。

因：于是。

释：放下。

耒：古代一种农具，形状像叉子。

冀：希望。

笑：耻笑。

译

宋国有个农民。他的田地中有一截树桩。一天，一只跑得飞快的野兔撞在树桩上，折断脖子死了。于是，农民放下他的农具，天天守在树桩子旁边，希望能再得到一只兔子。可是撞死在树桩上的野兔再也没碰到，而他自己却被宋国人笑话。

守株待兔

选自《韩非子·□□》

唉，天天下地干活，真辛苦呀！

宋人有□□。
田中有□。

小兔子这又是在和谁赛跑？
小心啊！

兔走□□，□□而死。

这么轻松就能吃上兔肉，为什么还要辛苦种地？

看，那个守株待兔的呆子！

开个麻辣兔头店还是开个兔肉火锅店呢？

因□□□而守株，冀□□□。兔□□□□，而身为□□□。

地图上的寓言故事

今天学的这篇短文出自战国时期思想家韩非的著作《韩非子》。这本书中记录了很多有趣的寓言故事，这些寓言故事同时也是成语故事。成语"守株待兔"就出自这里，比喻心存侥幸，坐等意外收获而不主动努力；也比喻死守狭隘的经验，不知道变通。

故事中的宋人指一个宋国人。秦朝之前的春秋战国时期，中华大地上有许多小国家，在很多先秦时期的寓言故事中，主角都没有名字，只用"国名+人"来指代。从下面这张图中不难发现，楚人和宋人贡献了不少寓言故事。

郑人买履
一个郑国人去买鞋的故事。

宋人疑邻
一个宋国人怀疑邻居偷了他家东西。

买椟还珠
一个郑国人买珍珠，哦不，买盒子的故事。

杞人忧天
一个杞国人担心天会掉下来。

拔苗助长
一个宋国人想要帮禾苗快快长高。

刻舟求剑
一个楚国人在船上刻记号找剑的故事。

守株待兔
一个宋国人守着树桩等兔子。

自相矛盾
一个楚国人卖矛和盾时牛皮吹大了。

画蛇添足
一个楚国人给蛇画上了脚。

元日

宋·王安石

爆竹声中一岁除，
春风送暖入屠苏。
千门万户曈曈日，
总把新桃换旧符。

注

元日：指农历正月初一。

一岁除：一年过去了。除，去，过去。

屠苏：指屠苏酒，一种药酒。古人认为大年初一喝这种酒可以驱邪（xié）防病。

曈曈：太阳刚出来时光亮的样子。

桃：桃符。

译

爆竹声中旧的一年已经过去，
饮着醇美的屠苏酒，感受到了春天的气息。
千家万户迎着初升的太阳，
忙着取下旧桃符，换上新桃符。

诗歌助记

元日
宋·王安石

爆竹声中 一岁 除，

春风 送暖 入 屠苏。

千门万户 曈曈日，

总把 新桃 换 旧符。

□□

宋·王□□

□□声中一岁除，

春风送暖入□□。

千门万户□□□，

总把□□换□□。

古代春节的习俗

《元日》描写了新年热闹欢乐、万象更新的景象。诗中说到了古代春节时的三个习俗：放爆竹、挂桃符、喝屠苏酒。

古人烧竹子使竹子爆裂发出响声，用来驱鬼辟（bì）邪，称为爆竹。鞭炮发明出来后，人们用放鞭炮替代了烧竹子，所以鞭炮也叫作爆竹。

啊，升级换代了，真可怕！

从烧竹子吓跑小鬼，演变到放鞭炮。

古人认为桃木可以辟邪，就在两块长方形的桃木板上分别刻上神荼（shēn shū）、郁垒（yù lǜ）两位神人的形象和名字，挂在大门两旁，用来辟邪祈福，这两块桃木板就叫桃符。每到新年第一天，要取下旧桃符，换上新桃符。这个风俗后来演变成了贴春联。

这个好，轻便环保，喜庆又和平。

从挂桃符演变成贴春联。

古代新年第一天，家人要聚在一起喝屠苏酒。与平时喝酒长者为先不同的是，屠苏酒要从年纪小的人开始喝。每到新年，年轻人长了一岁，年纪大的人则老了一岁，所以从幼到长，先祝贺年轻人成长，再祝福年长者长寿。

清明

唐·杜牧

清明时节雨纷纷,
路上行人欲断魂。
借问酒家何处有?
牧童遥指杏花村。

注 清明：我国传统节日，也是二十四节气之一。

欲断魂：像要丢了魂似的。形容伤感忧愁的心情。

借问：打听，询问。

杏花村：杏花深处的村庄。杏花村也因这首诗而得名，在今安徽池州城西。

译 清明时节细雨纷纷，
路上的行人内心忧伤愁闷。
打听一下哪里才有酒家？
牧童指了指远处杏花深处的小村庄。

诗歌助记

清明时节　雨纷纷，

路上行人　欲断魂。

清明

唐·杜牧

借问　酒家　何处有？

牧童　遥指　杏花村。

□□ 唐·□□

清明时节□□□，
路上行人□□□。

借问□□何处有？

□□遥指□□□。

清明节

《清明》写于作者在池州（今安徽池州）当刺史时。池州在长江以南，清明前后正是江南地区阴雨连绵的时节。

清明既是我国的传统节日，又是二十四节气之一，和春节、端午、中秋等其他按农历算的传统节日不同，每年的清明节大致对应的是公历日期，在4月5日前后。

我国古代，清明节有祭祖、踏青、插柳、放风筝等习俗，其中，扫墓祭祖的风俗一直保留至今。

扫墓祭祖。在墓前摆放祭品，行礼祭拜，缅（miǎn）怀祖先。

踏青。清明是春季的第五个节气，天气变暖，花红柳绿，正是去郊外踏青游玩的好时节。

插柳。在门旁插上柳条，据说能驱鬼辟邪。

放风筝。把风筝放上天后剪断风筝线，让风筝顺风飘走，据说飞走的风筝能带走病痛和灾难。

九月九日忆山东兄弟

唐·王维

独在异乡为异客，
每逢佳节倍思亲。
遥知兄弟登高处，
遍插茱萸少一人。

注 九月九日：指农历九月初九重阳节。
山东兄弟：王维的家乡蒲州（今山西永济）在华山东边，所以称家乡兄弟为"山东兄弟"。
登高：古代有重阳节登高的风俗。
茱萸：一种香气浓郁的植物。古人认为重阳节插戴茱萸可以避灾驱邪。

译 一个人独自在他乡作客，
每逢节日加倍思念家乡的亲人。
遥想兄弟们今日登高望远时，
大家都戴着茱萸，单单少了我一个人。

诗歌助记

九月九日忆山东兄弟
唐·王维

独在异乡为异客，每逢佳节倍思亲。
遥知兄弟登高处，遍插茱萸少一人。

九月九日忆□□□

唐·□□

独在□□为□□，

每逢□□倍思亲。

遥知□□登高处，

遍插□□少一人。

重阳节

　　王维十五岁时离开家乡，来到京城长安参加考试，很快便崭露头角。转眼之间两年过去了，重阳节这天，独自在异乡漂泊的少年王维格外思念家乡的亲友。想着往年的这一天，和朋友们一起佩戴茱萸，登高望远。今天的此时，朋友们肯定也聚在一起，只是那热闹的人群中唯独少了自己，于是写下了这首思念家乡亲朋的诗。

　　农历九月初九为重阳节。中国传统文化中九为最大的阳数，九月初九有两个九，所以称为重阳。九九也寓意长久、高寿，我国现在也把农历九月初九定为老年节。在古代，重阳节有登高、赏菊、喝菊花酒、佩戴茱萸避祸驱邪等习俗。

　　重阳节历史悠久，古代文人也留下了很多关于重阳节的诗句。

待到重阳日，还来就菊花。 唐·孟浩然《过故人庄》

等到重阳节那天，再来边赏菊边喝酒。

相逢不用忙归去，明日黄花蝶也愁。 宋·苏轼《九日次韵王巩》

既然来了就不要急着回去，好好欣赏今天的菊花，等到明天过后菊花逐渐凋谢，那爱花的蝴蝶也要发愁了。成语"明日黄花"就出自这里。

佳节又重阳，玉枕纱厨，半夜凉初透。 宋·李清照《醉花阴》

又到了重阳佳节，枕着玉枕头，睡在纱帐中，半夜里整个人都被冻透了。

滁州西涧

唐·韦应物

独怜幽草涧边生,
上有黄鹂深树鸣。
春潮带雨晚来急,
野渡无人舟自横。

注

滁州西涧：滁州即今安徽滁州。西涧是滁州城西的一条小河。
独怜：只爱。怜，爱怜。
幽草：长在幽深地方的小草。
深树：枝叶茂密的树冠深处。
春潮：春天的潮水。
野渡：城郊野外的渡口。

诗文声律

幽草 ⇌ 黄鹂
春潮 ⇌ 野渡
涧边生 ⇌ 深树鸣
带雨 ⇌ 无人

译

只爱涧边幽深处野草遍地生长，
上面传来黄鹂在枝叶深处的婉转啼鸣。
春天的潮水带着傍晚时分的一场骤雨，
水势变得更加湍急，
郊野渡口一只没有船夫的小船顺着水流
横漂在水面上。

诗歌助记

独怜 幽草 涧边生，
上有 黄鹂 深树 鸣。

滁州西涧
唐·韦应物

春潮 带雨 晚来急，
野渡 无人 舟自横。

滁州□□

唐·韦□□

独怜□□涧边□，

上有□□深树□。

春潮□□晚来□，

□□无人舟自□。

从浪子到清官

韦应物出生于盛唐后期京城长安一个声名显赫的大家族,祖上官员、文人辈出,曾祖父在武则天时期当过宰相。韦应物十五岁时,就进宫成为唐玄宗的侍从,跟随在皇帝左右。年轻时的韦应物是个典型的纨绔(wán kù)子弟,横行乡里,欺压百姓,不可一世。

安史之乱爆发后,唐玄宗逃出京城去了蜀地,韦应物也丢了工作,这才开始静下心来,发愤读书,后来凭着自己的才华,先后在洛阳、滁州、江州、苏州等地担任地方官。《滁州西涧》就是韦应物在滁州担任刺史期间,到城外的西涧游玩,写下的一首描景如画的诗。

韦应物作为官员,勤于政事,爱护百姓,看到他管辖的地方还有百姓因为贫困逃往他乡,就觉得是自己没有尽到职责,愧对朝廷发的俸禄(fèng lù)。

身多疾病思田里,邑(yì)有流亡愧俸钱。《寄李儋(dān)元锡》

苏州刺史是韦应物的最后一个官职,所以后人也称他为"韦苏州"。韦应物为官清廉,在苏州的任期满后,竟然穷到没有路费回京城等待朝廷再派新职,于是借住在苏州的一所寺庙里,不久后就去世了。

工作没做好,对不起朝廷发的薪水。

大林寺桃花

唐·白居易

人间四月芳菲尽，
山寺桃花始盛开。
长恨春归无觅处，
不知转入此中来。

注

大林寺：位于江西九江庐山的大林峰上。
人间：这里指庐山下的平地村落。
芳菲：盛开的花，也泛指花草。
尽：指花都凋谢了。
长恨：常常惋惜。
觅：寻找。

诗文声律

人间 ⇌ 山寺

译

农历四月，山下的百花凋零落尽，高山古寺中的桃花才刚刚盛开。我常常惋惜春天逝去无处寻觅，没想到它已经悄悄转移到这里来。

诗歌助记

大林寺桃花
唐·白居易

人间 四月 芳菲尽， 山寺 桃花 始盛开。
长恨 春归 无觅处， 不知 转入 此中来。

□□□桃花

唐·白居易

人间四月□□□,
山寺桃花□□□。
长恨春归□□□,
不知转入□□□。

白居易和江州

白居易的代表作《琵琶行》的最后两句：座中泣下谁最多？江州司马青衫湿。句中的"江州司马"指的就是白居易自己。江州是现在的江西九江。当时，白居易因为得罪了朝廷里的实权人物，被贬到江州当司马。在唐代，司马是辅佐州长官刺史的官员，没有什么具体工作，实际上就是一个闲职。

白居易在江州待了四年。刚来时因为被贬官心情不好，又不适应南方湿热多雨的气候，白居易叫苦连天，成天思念京城，想着什么时候能回去。但时间一长，便发现了江州的美妙之处。这里物产丰富，美食多样，天下名山庐山近在咫尺，四季景色各异，等到被调离江州时，白居易已经对这里恋恋不舍。

住近湓江地低湿，黄芦苦竹绕宅生。《琵琶行》

夏天又湿又热，冬天房子漏风。

大林寺位于庐山的大林峰。农历四月是初夏季节，平原上的花已经凋落殆尽。但是山上海拔高，加上林木茂密，气温要比平地低，所以桃花开得晚。诗人登山来到大林寺，惊喜地看到寺中的桃花开得正盛，于是写下了这首诗。

真香！

酒好喝又便宜，满江鲜鱼，竹笋鲜嫩，风景还好。

浪淘沙（其七）

唐·刘禹锡

八月涛声吼地来，
头高数丈触山回。
须臾却入海门去，
卷起沙堆似雪堆。

注

浪淘沙：唐代曲名。
刘禹锡：字梦得，河南洛阳人。唐朝文学家、哲学家，有"诗豪"之称。
须臾：极短的时间，片刻。
海门：江海汇合之处。

诗文声律

吼地来 ═ 触山回

译

八月潮水奔涌，浪涛声惊天吼地而来，数丈高的浪头拍到岸边山崖后被撞回。转眼之间就已经奔流到江海汇合之处，在岸边卷起一座座洁白如雪堆的沙堆。

诗歌助记

八月 涛声 吼地 来， 头高 数丈 触山 回。

须臾 却入 海门 去， 卷起 沙堆 似 雪堆。

浪淘沙（其七）

唐·刘禹锡

浪□□（其七）

唐·刘□□

八月涛声□□来，

头高数丈□□回。

□□却入□□去，

卷起□□似□□。

钱塘江潮

　　《浪淘沙》是唐代曲名，后来用作词牌名。刘禹锡用这个名字和曲调创作了一组诗，总共是九首，本诗为第七首，后面我们还会学到另一首。

　　这首诗描写了钱塘江涌潮的壮观场面。钱塘江古代名为浙江，因为流经钱塘县（今浙江杭州），又有了钱塘这个名字。钱塘江是浙江省内最大的河流，浙江省的命名也正是来自于这条江。钱塘江发源于安徽省南部，上游一段也称为新安江，向东流进浙江后，在富阳一段也称为富春江，最后到杭州湾注入东海。因为江口呈喇叭状，大海涨潮时，潮水倒灌进江口，形成著名的钱塘潮。

　　钱塘潮被称为"天下第一潮"，和亚马孙大潮、恒河大潮并称为"世界三大潮汐"。每年的农历八月十八，在浙江海宁看到的钱塘潮最为壮观。潮水涌来时，远看潮头像一条横贯江面的白线，等潮头越来越近，浪头越来越高，像长长一道直立的水墙，涛声惊天动地，成为古往今来自然界的一大奇观。2000多年前，观看钱塘潮就已经成为当地的一种风俗，唐宋时期更是盛行，很多文人都为这一自然奇景留下了佳句名篇。

鹿柴

唐·王维

空山不见人，
但闻人语响。
返景入深林，
复照青苔上。

注 鹿柴：用带枝杈的树木搭成的栅栏，形似鹿角。这里指王维辋（wǎng）川别业中的一景。柴，同"寨"，木栅栏。
但：只。
返景：太阳将落时通过云彩反射的阳光。
复：又。

译 空荡荡的山中看不见人影，
只听到有人说话的声音。
落日通过云彩反射的光射进树林深处，
重新照在幽暗处的青苔上。

诗歌助记

鹿柴
唐·王维

空山　不见　人，
但闻　人语　响。

返景　入　深林，
复照　青苔上。

□□

唐·□□

空山□□人，

但闻□□响。

□□入深林，

复照□□上。

山水田园诗和《辋川集》

> 采菊东篱下，悠然见南山。
> 我喜欢写田园诗。

东晋·陶渊明

> 池塘生春草，园柳变鸣禽。
> 我喜欢写山水诗。

南北朝·谢灵运

王维是盛唐时期山水田园诗派的代表，和孟浩然齐名，两人并称"王孟"。山水田园诗就是描写山水景色、田园生活的诗。

> 我们踩在前人的肩膀上，组了一个新组合：山水田园诗派。

王维　孟浩然

为了更加亲近大自然，体验真正的山水田园生活，四十多岁时，王维买下了诗人宋之问在都城长安附近的蓝田辋川山谷间的一处别墅，并在这个基础上建成了一处有山有水有树林的大型园林，称为辋川别业。

辋川山谷有鹿柴、竹里馆等二十处景点。王维与朋友裴（péi）迪共游辋川，并为每个景点各作一首诗，这四十首诗全都是短小精悍的五言绝句，收录在《辋川集》中。《鹿柴》就是其中的一首。

> 老哥的别墅真是大，琴也弹得好。

> 喜欢就在这里住下来。

暮江吟

唐·白居易

一道残阳铺水中，
半江瑟瑟半江红。
可怜九月初三夜，
露似真珠月似弓。

注

暮江吟：黄昏时分在江边所作的诗。吟，古代诗歌体裁的一种。

残阳：快落山的太阳的光。

瑟瑟：这里指阳光没照射到的江水呈现出的青绿色。

可怜：可爱。

真珠：这里指珍珠。

月似弓：农历初三的月亮为新月，其弯如弓。

译

一道夕阳的余晖铺在江水上，
江水一半青绿一半火红。
这可爱的九月初三的夜晚，
露水晶莹如珍珠，新月弯弯像把弓。

诗歌助记

一道残阳　铺水中，

半江瑟瑟　半江红。

暮江吟
唐·白居易

可怜　九月初三夜，

露似真珠　月似弓。

□□吟

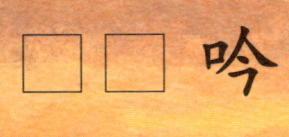

唐·白□□

一道□□铺水中，

半江□□半江□。

可怜□□□□夜，

露似□□月似□。

初三之夜月似弓

白居易被贬到江州等地工作几年后,终于被召回了朝廷。可白居易厌倦了朝中的钩心斗角,待了两年后便请求到外地去工作。这一次,五十岁的白居易被派到杭州当刺史。在去往杭州的旅途中,诗人看到黄昏时夕阳映照江面,入夜后新月初升,露水晶莹,写下了这首诗。

诗中说到这一天是九月初三,"露似真珠月似弓"。其实,不光九月初三,任何一个月的初三夜,月亮都像弯弯的弓一样。

我国的传统历法农历是以月亮形状的变化为依据制定的,月亮的一次圆缺便是一个月。所以在不同的月份,相同的日子对应的月亮形状大致都是固定的。比如,三十、初一没有月亮;初二、初三会出现弯弯的月牙,缺口朝东,称为新月;初七、初八的月亮只有西边半个,叫上弦月;十五、十六的月亮是圆的,叫满月;二十二、二十三的月亮只有东边半个,叫下弦月;二十七、二十八的月亮也是一个月牙,缺口朝西,有些像声母C,称为残月,想想"残"的声母就是C,以后你就能分清新月和残月了。

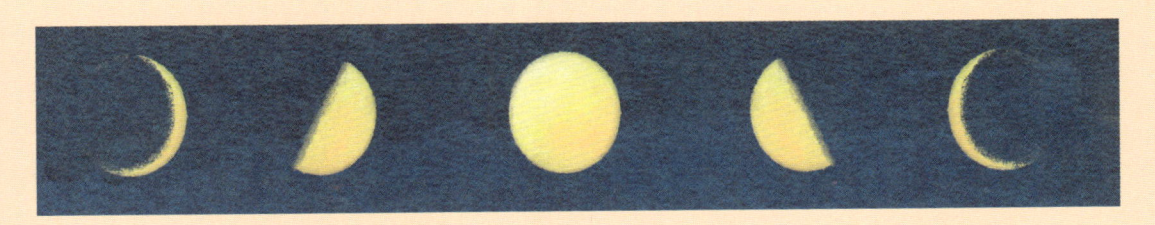

题西林壁

宋·苏轼

横看成岭侧成峰,
远近高低各不同。
不识庐山真面目,
只缘身在此山中。

注
题西林壁:写在西林寺的墙壁上。西林,指西林寺,位于庐山西麓。题,书写,题写。
真面目:指庐山真实的景色、形状。
缘:因为。

译
从正面看山岭连绵,从侧面看山峰高耸,从远处、近处、高处、低处看去,庐山的姿态各不相同。
看不清庐山真实的面貌,
只因为我就身处在这座深山之中。

诗歌助记

题西林壁
宋·苏轼

横看成岭侧成峰,远近高低各不同。
不识庐山真面目,只缘身在此山中。

题□□□ 宋·□□

□看成□侧成□，

远□高□各不同。

不识庐山□□□，

只缘身在□□□。

李苏才学

如果说李白是唐代排名第一的诗人,那既能写诗又能作词的苏轼可以说是宋代第一文人。有一次,宋神宗问身边的臣子:"苏轼可以和哪位古人相比?"有人说:"可以和唐代的李白相比。"神宗摇摇头说:"李白有苏轼的才华,但是没有苏轼学问大。"

当时,苏轼被贬到湖北黄州当团练副使(没有实权的州级副军事长官),神宗多次想把他调回朝廷,都被周围的人劝阻。一天,神宗说:"苏轼被派到偏远的地方思过已经几年了,但是这个人有才能,还是不忍心就这么放弃他呀!"于是下旨把苏轼从黄州调到河南汝州,离京城近了一些。苏轼从黄州前往汝州上任,途中经九江、南京,绕了一大圈,游山访友,《题西林壁》就是他在游览庐山时写下的。全诗从字面上看是描写庐山,其中却暗含哲理:人们所处的位置不同,对事物的认识也会不同。身处其中就难以看清事物的全貌,只有从中跳脱出来,才能客观全面地认识问题。

不畏浮云遮望眼,自缘身在最高层。

宋·王安石《登飞来峰》

雪梅

宋·卢钺

梅雪争春未肯降,
骚人阁笔费评章。
梅须逊雪三分白,
雪却输梅一段香。

注
降：服输。
骚人：诗人。战国时楚国诗人屈原的代表作为《离骚》，后来便称诗人为骚人。
阁：同"搁"，放下。
评章：评议。这里指评议梅与雪的高下。
逊：不及，比不上。

诗文声律
梅 — 雪
须 — 却
逊 — 输

译
梅花和雪花都认为自己是春天最美的景色，谁也不肯服输，
诗人放下笔来好好思考评议一番。
梅花要比雪花少了三分晶莹洁白，
雪花却输在没有梅花的一股清香。

诗歌助记

梅雪　争春　未肯降， 
骚人　阁笔　费评章。

雪梅
宋·卢钺

梅　须逊雪　三分白，
雪　却输梅　一段香。

□□ 宋·卢□

梅雪□□未肯降，

骚人□□费评章。

梅须□雪□□白，

雪却□梅□□香。

爱梅花的诗人

本诗为南宋末年诗人卢钺所作。这位诗人非常喜欢梅花,还给自己取了个号叫"梅坡"。卢梅坡留下来的诗作很少,但两首《雪梅》广为流传,成为写雪梅的经典之作。

很多花在风和日暖的春天开放,梅花则在冬末春初的严寒中盛开,所以被古代文人赋予不畏艰险、孤傲独立、优雅谦逊的品质,经常成为诗词中的主角。当梅花在漫天纷飞的雪花中傲立于枝头,花、雪相映,更呈现出一种令人惊异的美。

有梅无雪不精神,有雪无梅俗了人。日暮诗成天又雪,与梅并作十分春。

宋·卢钺《雪梅(其二)》

在清代吴敬梓(zǐ)的小说《儒林外史》中,元朝末年的王冕以善画荷花而闻名。实际上,这位画家兼诗人更爱的是梅花。他给自己取号为梅花屋主,留下了许多关于梅花的画作和诗作。

冰雪林中著此身,不同桃李混芳尘。元·王冕《白梅》

开花冰雪里,岂是不知春?元·王冕《梅花》

北宋诗人林逋(bū)性格孤傲,超凡脱俗。他一辈子没当过官,没结过婚,中年以后隐居在杭州西湖边种梅养鹤,把梅花当成妻子,把鹤当成孩子。成语"梅妻鹤子"就是出自于他,用来形容一种清雅脱俗的隐居情怀。

疏影横斜水清浅,暗香浮动月黄昏。

宋·林逋《山园小梅》

养娃不如养鹤,又省钱又省心。

精卫填海

选自《山海经·北山经》

炎帝之少女,名曰女娃。女娃游于东海,溺而不返,故为精卫,常衔西山之木石,以堙于东海。

注

精卫:神话中一种鸟的名字,形状和乌鸦相似,但头上有花纹,嘴是白色的,脚是红色的,叫声像是"精卫精卫",因而得名。传说精卫鸟是炎帝小女儿溺水身亡后的化身。

炎帝:传说中上古时期的部落首领。
少女:小女儿。
溺:溺水,淹没。
故:因此。
堙:填塞。

译

炎帝的小女儿名叫女娃。有一次,女娃去东海游玩,不幸溺水,再也没有回来。她死后变成了一只精卫鸟,经常叼着西山上的树枝和石子,用来填塞东海。

□□填海

选自《山海经·□□□》

炎帝之少女，名曰□□。

□□游于□□，□而不返，

故为□□，

常衔□□之木石，以堙于□□。

《山海经》

《山海经》是我国战国时期、西汉初年一部重要的地理著作，书中记载了约40个邦国、550座山、300条水道、100多位历史人物、400多个神兽，还有大量的神话传说。

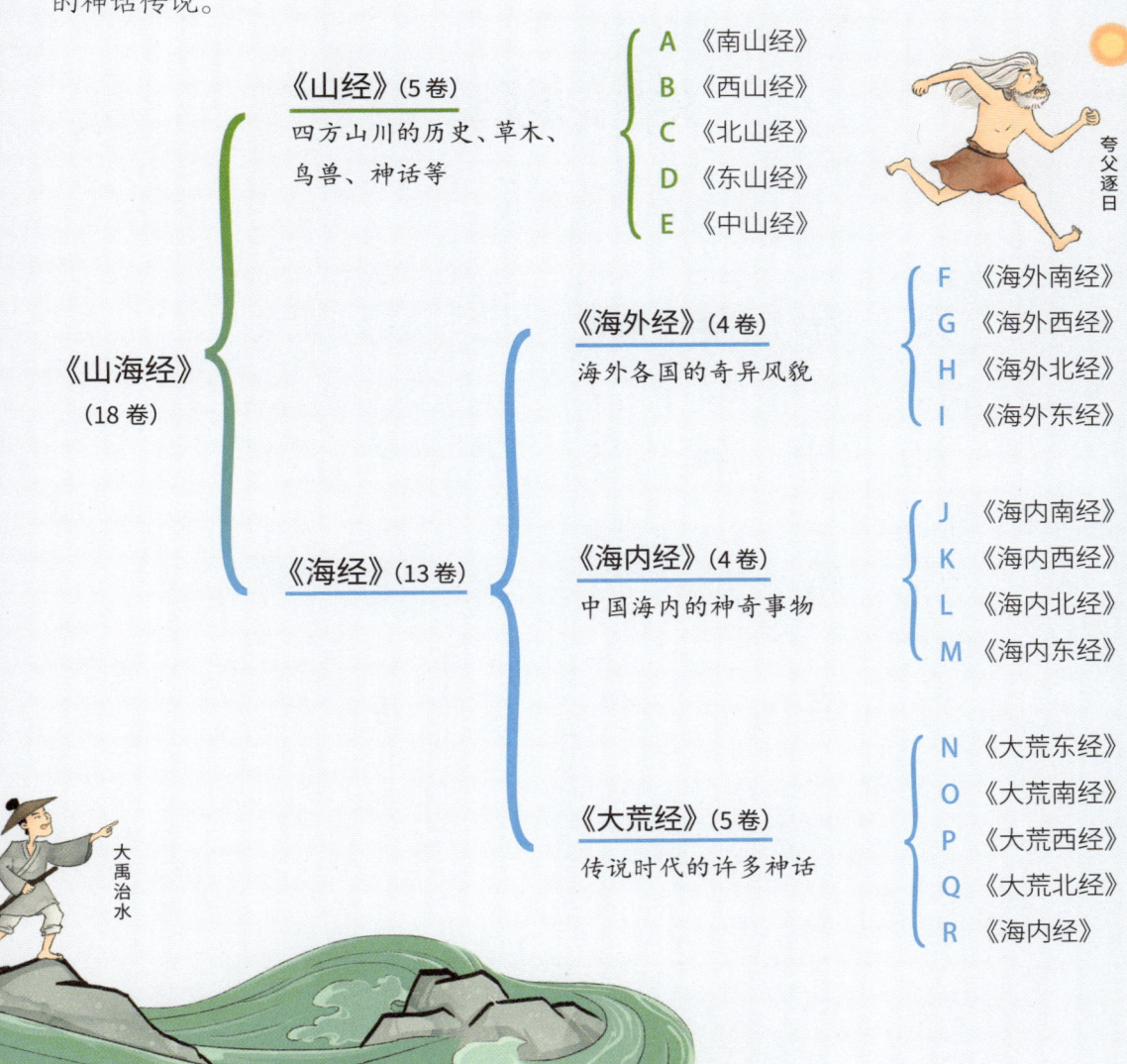

《山海经》（18卷）
- 《山经》（5卷）四方山川的历史、草木、鸟兽、神话等
  - A 《南山经》
  - B 《西山经》
  - C 《北山经》
  - D 《东山经》
  - E 《中山经》
- 《海经》（13卷）
  - 《海外经》（4卷）海外各国的奇异风貌
    - F 《海外南经》
    - G 《海外西经》
    - H 《海外北经》
    - I 《海外东经》
  - 《海内经》（4卷）中国海内的神奇事物
    - J 《海内南经》
    - K 《海内西经》
    - L 《海内北经》
    - M 《海内东经》
  - 《大荒经》（5卷）传说时代的许多神话
    - N 《大荒东经》
    - O 《大荒南经》
    - P 《大荒西经》
    - Q 《大荒北经》
    - R 《海内经》

夸父逐日

大禹治水

嫦娥

唐·李商隐

云母屏风烛影深，
长河渐落晓星沉。
嫦娥应悔偷灵药，
碧海青天夜夜心。

注 嫦娥:神话传说中的月中仙女。
云母屏风:装饰着云母石的屏风。屏风是一种放在室内用来挡风或隔断视线的用具。
长河:银河。
碧海青天:指嫦娥的生活单调孤寂,只能见到碧蓝如海的广漠天空。

译 云母屏风上,越来越暗的烛光投下浓重的暗影,银河渐渐稀落,晨星也已经隐没。
嫦娥应该后悔当初偷吃了长生不老药,
如今空对着碧海青天,夜夜孤寂难眠。

诗歌助记

云母屏风 烛影 深, 长河 渐落 晓星 沉。

嫦娥 应悔 偷灵药, 碧海 青天 夜夜 心。

嫦娥
唐·李商隐

嫦娥

唐·李商隐

云母屏风烛影深，

长河渐落晓星沉。

嫦娥应悔偷灵药，

碧海青天夜夜心。

嫦娥奔月

《嫦娥》这首诗依据我国一个古老的神话传说故事《嫦娥奔月》而作。传说，嫦娥是后羿的妻子。有一次，后羿从西王母那里讨来一种吃后可以长生不死的灵药，打算和妻子一起分享。可是，嫦娥趁丈夫不注意，自己一个人偷偷把灵药吃了，结果就变成了神仙，飞向了天空。她一直飞到月亮上，在广寒宫住了下来。据说，还有一只整天忙着捣药的玉兔在月宫里陪着她。现代文学家鲁迅根据这个传说创作了短篇小说《奔月》，收入在《故事新编》中。

《嫦娥奔月》这个神话反映出古人对浩渺宇宙的好奇，对日月星辰的崇拜。正因为嫦娥身上寄托着"飞上月亮"的文化寓意，我国在启动月球探测工程时，将这一工程命名为"嫦娥工程"，发射的月球探测器也以"嫦娥"命名。

李商隐是晚唐诗人，和写"清明时节雨纷纷"的杜牧合称为"小李杜"。他的诗作构思新奇，情感细腻。《嫦娥》一诗中，作者由自己的一夜无眠，联想到神话故事中弃夫奔月的嫦娥，一个人独居广寒宫中，面对着深蓝广漠的夜空，会不会也是夜夜无眠。

出塞

唐·王昌龄

秦时明月汉时关,
万里长征人未还。
但使龙城飞将在,
不教胡马度阴山。

注

出塞：古代军乐中的一种曲名。

但使：只要。

龙城飞将：汉朝名将李广。这里泛指英勇善战的将领。

龙城，汉朝时匈奴的要地，泛指塞外敌方据点。

教：使，令，让。

胡马：指侵扰中原的北方游牧民族骑兵。

胡，我国古代泛称西北方的少数民族。

度：越过。

阴山：位于今内蒙古中部及河北北部。

译

依旧是秦汉时期的明月和边关，
万里出征的将士没有几个能回来。
如果当年奇袭龙城的将领如今还在，
一定不会让敌人的铁蹄越过阴山。

诗歌助记

秦时明月　　汉时关，

出塞
唐·王昌龄

但使　龙城飞将　在，

万里长征　人　未还。

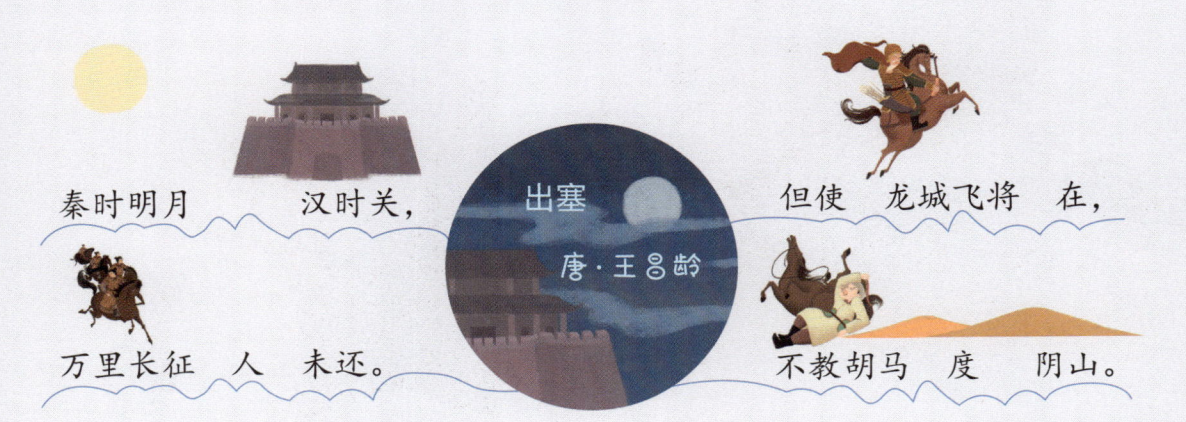

不教胡马　度　阴山。

□□ 唐·王□□

秦时□□汉时□，

万里□□人未还。

但使□□□□在，

不教□□度□□。

诗文中的互文

诗中第一句"秦时明月汉时关",并不是指秦朝的明月、汉朝的边关,而是指秦汉时的明月和边关。在古诗文中,一句话的前后两部分看上去各自独立,其实意义上是互相交错、互为补充的,这种修辞手法称为"互文"。除了一句话的两部分,上下两句或接连几句也可以形成互文。

这种手法的运用是为了使句子更有韵律感,读上去朗朗上口,同时也可以通过重复表达让人印象更加深刻。我们来看看互文手法和普通表达之间的差异。

主人下马客在船。唐·白居易《琵琶行》 主人和客人下了马,上了船。

> 主人刚下马,我们就已经在船上了,这不好吧!

烟笼寒水月笼沙。唐·杜牧《泊秦淮》

烟雾和月光笼罩着寒水和沙。

谈笑有鸿儒,往来无白丁。唐·刘禹锡《陋室铭》

一起谈笑和往来的只有鸿儒,没有白丁。

鸿儒:博学的人。白丁:没学问的人。

> 没文化的人感觉被歧视了。

凉州词

唐·王翰

葡萄美酒夜光杯,
欲饮琵琶马上催。
醉卧沙场君莫笑,
古来征战几人回?

注 凉州词:凉州曲为唐代曲调名,起源于凉州(今甘肃武威)一带,为此曲填的词则为凉州词。
夜光杯:用美玉制成的酒杯,夜间能够发光。这里指非常精致的酒杯。
沙场:战场。
征战:打仗。

译 葡萄美酒倒满了精致的酒杯,正要举杯畅饮,就听马背上响起琵琶声在催人出发。如果有一天我醉卧在沙场上,请你不要笑话,自古以来出外打仗的能有几人返回家乡?

诗歌助记

葡萄 美酒 夜光杯,

凉州词
唐·王翰

醉卧 沙场 君莫笑,

欲饮 琵琶 马上催。

古来征战 几人回?

□□词

唐·□□

□□美酒□□□,

欲饮□□马上催。

醉卧□□君莫笑,

古来□□几人回?

葡萄酒和琵琶

葡萄是西域的特产。历史上的西域指的是现在甘肃玉门关、阳关以西的新疆和中亚等地区。汉武帝时，张骞（qiān）出使西域，打通中原通往西域的丝绸之路后，葡萄才沿着丝绸之路传入中原地区。葡萄可以用来酿造美酒，最晚在唐朝时，中原人民就已经喝上葡萄酒了。

> 打那么多仗，死那么多人，就为了几颗葡萄，值得吗？

年年战骨埋荒外，空见蒲桃（葡萄）入汉家。唐·李颀《古从军行》

西域盛产玉石。早在三千年前，西域曾向周穆王进献一种用白玉制作的酒杯，据说能在夜里大放光明，称为夜光杯。

琵琶也是西域传进来的一种乐器，游牧民族的人们通常是骑在马上弹奏琵琶，所以诗中有"欲饮琵琶马上催"之句。

你可能会发现"琵琶"和"枇杷"这两个词读音一样，字形相似。实际上，木制弹拨乐器琵琶最早就叫枇杷，后来为了和形状与琵琶相似的水果枇杷区别开来，才换成了和"琴""瑟"一样更适合弦乐器的偏旁。

本诗前两句中出现的葡萄、夜光杯、琵琶，全都带着典型的西域特征，为这首边塞诗增添了浓郁的边塞因素。

枇杷不是此琵琶，只怨当年识字差。
若使琵琶能结果，满城箫管尽开花。

夏日绝句

宋·李清照

生当作人杰,
死亦为鬼雄。
至今思项羽,
不肯过江东。

注

项羽：秦朝末年的起义军领袖，在与刘邦争夺天下的战争中失败自杀。

江东：长江的总体流向是从西往东流，但在安徽芜湖和江苏南京之间为西南、东北流向，古人习惯上称从这段往下的长江南岸地区为江东。项羽当初跟随叔父项梁在江东起兵。

诗文声律

当作 ⇌ 亦为
生 ⇌ 死
人杰 ⇌ 鬼雄

译

活着就要当人中的豪杰，
死了也要做鬼中的英雄。
人们到今天还在怀念项羽，
是因为他宁可死也不肯渡过长江退回江东。

诗歌助记

夏日绝句
宋·李清照

生 当作 人杰， 死 亦为 鬼雄。

至今 思 项羽， 不肯 过 江东。

□□ 绝句

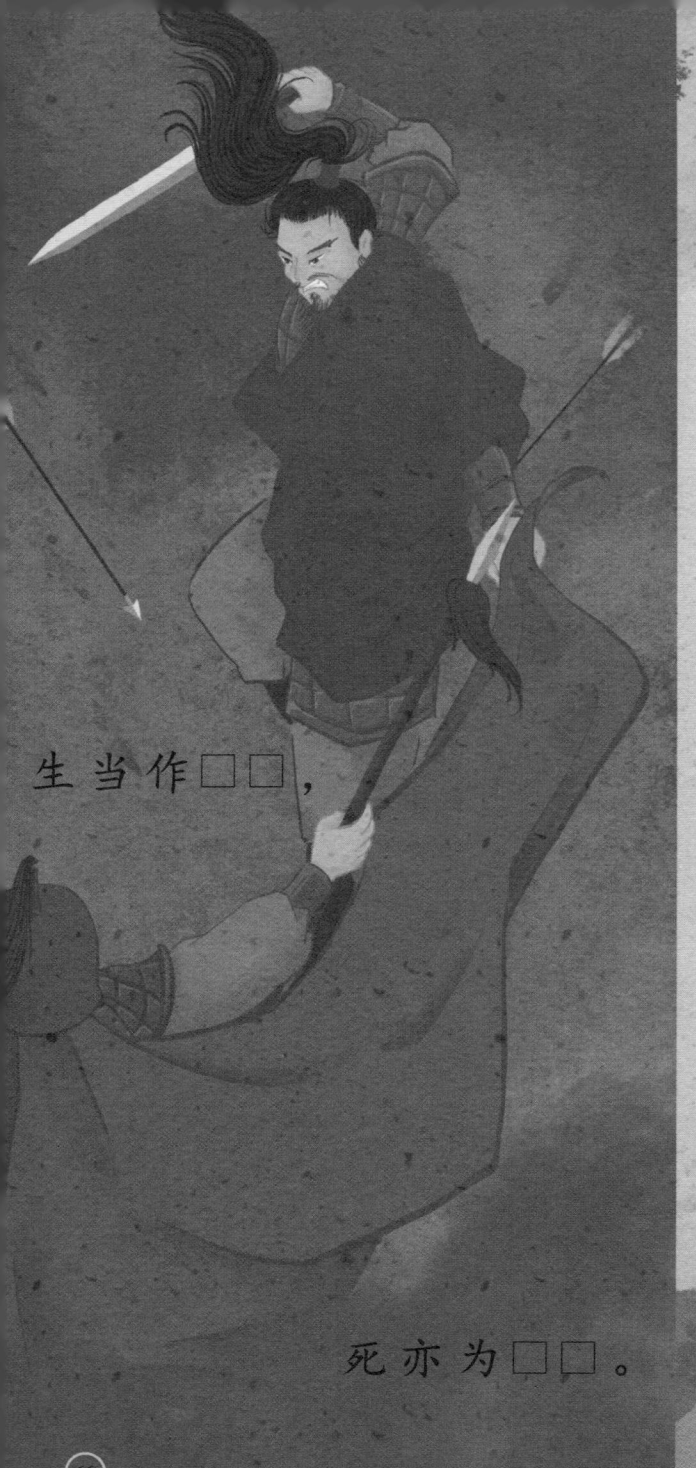

宋·李□□

至今□□□，
不肯□□□。
生当作□□，
死亦为□□。

才女李清照

　　本诗作者李清照生活在北宋、南宋之交,以词作闻名,有"千古第一才女"之称。李清照出身于书香门第,父亲和苏轼是好朋友。李清照从小耳濡目染,才华过人,十六岁时便以一首《如梦令》名动京城。

　　昨夜雨疏风骤,浓睡不消残酒。试问卷帘人,却道海棠依旧。知否,知否?应是绿肥红瘦。《如梦令》

　　十八岁时,李清照和金石学家(研究金属钟鼎、石头碑文的学者)赵明诚结婚。两人婚后感情很好,经常一起研究书画、碑文,写诗词唱和。一次,李清照写下一首《醉花阴》寄给出门在外的丈夫。赵明诚看后拍案叫绝,但心里又有点儿不服,于是把自己关在家里三天,写了十五首词,然后把妻子的作品抄写后混进其中,一起交给朋友点评,不料朋友从这一堆词作中单单挑出了《醉花阴》中的三句。

　　莫道不销魂,帘卷西风,人比黄花瘦。《醉花阴》

　　李清照四十多岁时,北方的金军攻破汴京,把宋徽宗、宋钦宗抓去了金国,北宋灭亡,李清照也开始了颠沛流离的流亡生涯。宋徽宗的儿子宋高宗逃到南方,建立了南宋,后来定都于现在的浙江杭州。李清照愤怒于南宋统治者抛弃中原的百姓和河山、在南方苟且偷生的行径,路过当年项羽自杀的乌江边时,写下了《夏日绝句》,赞美项羽因为愧对江东父老,宁可死也不愿回江东苟活的精神,和南宋统治者形成鲜明对比。

别董大

唐·高适

千里黄云白日曛,
北风吹雁雪纷纷。
莫愁前路无知己,
天下谁人不识君?

注

董大：指高适的朋友董庭兰，当时著名的琴师，他在兄弟中排行老大，所以称"董大"。

黄云：暗黄色的云。雪天的云层常呈现出暗黄色。

白日曛：太阳黯淡无光。曛，昏暗。

知己：知心朋友。

君：你，这里指董大。

译

天空黄云绵延千里，太阳黯淡无光，
呼啸的北风吹着南飞的雁群，大雪纷纷扬扬。
不要担心前路茫茫遇不到知己，
天下有谁不知道你董庭兰的大名呢？

诗歌助记

千里 黄云 白日曛，
北风 吹雁 雪纷纷。
别董大
唐·高适
莫愁 前路 无知己，
天下 谁人 不识君？

别□□

唐·高□

千里□□白日曛,

北风□□雪纷纷。

莫愁前路□□□,

天下谁人□□□?

边塞诗人高适

高适比李白小三岁,和李白、杜甫都是好朋友,三人还曾结伴同游现在的河南一带。他一生前后三次前往边塞,写下了大量优秀的诗篇,是和岑参齐名的边塞诗人,两人合称"高岑"。

> 来,让我们以茶代酒。

> 情义到了,喝酒喝茶都一样。

丈夫贫贱应未足,今日相逢无酒钱。

《别董大(其二)》

五十岁以前的高适,不仅在事业上屡遭挫折,生活上也经常陷入贫困不堪的境地。他二十岁时带着自己的诗作前往长安,想求得一官半职,却一无所获,三十多岁时参加科举考试也没考上,直到四十六岁时才考中进士,当了个小小的县尉。

有一次,著名琴师董庭兰前来拜访,他穷得连买酒的钱都没有。不过即便身处逆境之中,高适仍然保持着乐观的心态,对未来充满期待,相信总有一天会遇到欣赏自己的人,并把同样的祝福写进了送给朋友的诗里。

莫愁前路无知己,天下谁人不识君。

安史之乱爆发后,五十三岁的高适跟随唐玄宗到了成都,他的才能也终于有机会得到施展。高适不仅能写诗,还很会带兵打仗,因为平定叛乱有功,官职节节高升,后来成为唐代唯一一个因为军功封侯的诗人。

> 将军里最会写诗,诗人里最会打仗。

王戎不取道旁李

选自《世说新语·雅量》

王戎七岁,尝与诸小儿游。看道边李树多子折枝,诸儿竞走取之,唯戎不动。人问之,答曰:"树在道边而多子,此必苦李。"取之,信然。

注
尝：曾经。
诸：众多。
竞走：争着跑过去。
唯：只有。
信然：的确如此。

译 王戎七岁的时候，曾经和许多小孩一起嬉戏玩耍。他们看见路边的李子树上结满了李子，把树枝都压弯了，孩子们争相跑过去摘李子，只有王戎没有动。有人问他为什么不去摘李子，王戎回答说："李树长在路边，树上竟然还有这么多李子，这一定是苦李子。"孩子们摘下李子一尝，的确如此。

□□不取道旁李

选自《□□□□·雅量》

王戎七岁，尝与□□□游。

看□□李树多子□□，诸儿□□取之，唯戎不动。

人问之，答曰："树在□□而□□，此必□□。"

取之，□□。

魏晋第一吝啬鬼王戎

王戎的这个小故事出自南朝刘义庆编写的《世说新语》，这是一本志人小说集（记述人物的逸闻琐事、言谈举止的短篇故事集），很多故事只有短短几句话。故事的主角都是魏晋时期的真实人物，很多历史上大名鼎鼎的人物小时候的有趣故事都被刘义庆写进了这本书里。

> 我的李子甜又大，整个京城独一家。

又甜又脆大李子

王戎是三国到西晋时期的知名人物、高级官员，还是"竹林七贤"的成员之一，生活中却是个十足的吝啬（lìn sè）鬼。他家有棵李子树，结的李子又大又甜。他想把这些李子卖掉挣钱，又怕别人留下李子核种成树，以后他的李子就卖不出好价钱了。于是，王戎挨个儿在李子上钻洞，直到把核钻破，没法种活，然后再把李子拿出去卖。

> 这李子长虫子了吗？

> 这是什么神操作？

四时田园杂兴(其二十五)

宋·范成大

梅子金黄杏子肥,
麦花雪白菜花稀。
日长篱落无人过,
惟有蜻蜓蛱蝶飞。

注
四时：春夏秋冬四个季节。
杂兴：随兴而写的诗。
肥：果实大而汁多。
麦花：荞麦花。荞麦是一种粮食作物，春秋可以播种，生长期很短。花为白色或淡红色，果实磨成粉可供食用。
篱落：篱笆。
蛱蝶：蝴蝶的一种。

♪诗文声律
梅子 ⇌ 麦花
金黄 ⇌ 雪白
杏子肥 ⇌ 菜花稀

译
初夏时节，梅子金黄，杏子又大又水灵，荞麦花雪白，油菜花稀疏。
夏日悠长，篱笆边无人过往，只有蜻蜓和蝴蝶在飞来飞去。

诗歌助记

梅子金黄　　杏子肥，
麦花雪白　　菜花稀。

四时田园杂兴
（其二十五）
宋·范成大

日长　篱落　无人过，
惟有　蜻蜓　蛱蝶　飞。

□□ 田园杂兴
（其二十五）

宋·范□□

梅子□□杏子□，

麦花□□菜花□。

日长□□无人过，

唯有□□□□飞。

出使金国

　　本诗作者范成大是南宋诗人,和陆游、杨万里、尤袤(mào)齐名,并称为"南宋四大家"。

　　范成大不仅是一位文学家,也是历史上的一位名臣。当时,南宋为了求得和平,与北方强大的金国签订了带有屈辱性质的和约。这一年,南宋皇帝想派大臣前往金国,协商修改和约中关于南宋接受金国国书礼仪的条款,并让金国把北宋历代皇帝陵墓所在的那块地还回来。满朝大臣都认为这是一项不可能完成的任务,惹恼了金国,甚至都没法活着回来,所以谁都不敢去。只有范成大挺身而出,接受了这项使命。

　　在金国朝廷上,范成大毫不畏惧,据理力争,坚持要把修改后的条约呈给皇帝。最后条约虽然没改成,地也没还,但范成大的忠诚和勇气让金国皇帝赞叹不已,称他可以作为宋、金两国臣子的表率。金国也做出了一些让步,答应宋朝把皇帝的陵墓迁走。

宿新市徐公店

宋·杨万里

篱落疏疏一径深，
树头新绿未成阴。
儿童急走追黄蝶，
飞入菜花无处寻。

注 宿新市徐公店：住在新市的徐家客店。新市，地名，在今湖南攸（yōu）县北。徐公店，姓徐的人家开的客店。

疏疏：稀疏。

径：小路。

阴：树荫。

急走：奔跑。走，跑的意思。

译 稀稀疏疏的篱笆旁，一条小路通向远方，路旁树头刚长出新叶，还未形成浓密的树荫。小孩子奔跑着追赶黄蝴蝶，蝴蝶飞进黄色的菜花丛中，再也找不到了。

诗歌助记

篱落疏疏 一径深，

树头新绿 未成阴。

宿新市徐公店

宋·杨万里

儿童急走 追 黄蝶，

飞入 菜花 无处寻。

宿新市□□□

宋·杨□□

□□疏疏一径□,
□□新绿未成□。
儿童急走□□□,
飞入菜花□□□。

植物和季节诗

从"树头新绿未成阴"和"飞入菜花无处寻"两句可以看出，本诗描写的是春天的风景。因为树枝上长出的新叶还没有形成浓密的树荫，地里成片的油菜花开得正盛，以至于黄色的蝴蝶飞进花丛中后就找不到了，正是春天的典型景色。杨万里写了很多优美的写景诗，在这些诗中常常能看到不同季节的代表性植物。

春　柳树

柳条百尺拂银塘，且莫深青只浅黄。《新柳》
长长的柳条轻轻拂过闪着银光的池塘水面，
柳条还不是深青色，只是浅浅的黄。

夏　梅子、芭蕉

梅子留酸软齿牙，芭蕉分绿与窗纱。《闲居初夏午睡起》
酸酸的梅子酸倒了牙，芭蕉叶的绿色映照在纱窗上。

夏　竹林

竹深树密虫鸣处，时有微凉不是风。《夏夜追凉》
竹林深处夏虫鸣叫，生起一阵阵凉意，但却并不是风。

秋　残荷

绿池落尽红蕖（qú）却，荷叶犹开最小钱。《秋凉晚步》
绿色的荷叶落尽了，红色的荷花凋谢了，但仍有新长出来的小如铜钱的荷叶。

清平乐·村居

宋·辛弃疾

茅檐低小,溪上青青草。

醉里吴音相媚好,白发谁家翁媪?

大儿锄豆溪东,中儿正织鸡笼。

最喜小儿亡赖,溪头卧剥莲蓬。

注

清平乐：词牌名。
村居：住在乡村，本首词的题目。
茅檐：茅草屋的屋檐，这里借指茅草屋。
吴音：吴地的方言。辛弃疾写这首词时，正在带湖（今属江西）闲居，这里古代属于吴地。

翁媪：老翁和老妇。
锄豆：锄掉豆田里的草。
亡赖：同"无赖"。这里指小孩顽皮、淘气。
卧：趴。

译

茅草屋又矮又小，溪边长满了青青的小草。
带着醉意的吴地方言听起来温柔又美好，
那满头白发的老头老太太是谁家的呀？
他们的大儿子在溪东边的豆田里锄草，
二儿子正在编织鸡笼。
最让人喜爱的是顽皮的小儿子，
正趴在溪边剥刚摘下来的莲蓬。

诗歌助记

清平乐·村居
宋·辛弃疾

茅檐 低小，溪上 青青草。 醉里 吴音 相媚好，白发 谁家 翁媪？
大儿 锄豆 溪东，中儿 正织 鸡笼。 最喜 小儿亡赖，溪头 卧剥 莲蓬。

清平乐·□□　　宋·辛□□

茅檐□□，溪上□□□。

醉里吴音□□□，白发谁家□□？

大儿□□溪东，中儿□□□□。

最喜小儿亡赖，溪头□□□□。

爱国词人辛弃疾

辛弃疾的故乡在现在的山东济南，他出生时，这里已经被北方游牧民族建立的金国占领，所以他从小便把收复宋朝失地当成自己的使命。

长大后，辛弃疾加入了反抗金国统治的义军。后来，叛徒张安国杀害义军首领，率军向金军投降，二十三岁的辛弃疾带领五十名勇士闯进张安国的军营，活捉了叛徒，带着二十多万义军来到南宋。当时，这一事件震动全国，连南宋皇帝都对他赞不绝口。

可惜的是，在南宋朝廷，主张与金国议和的投降派占了上风，辛弃疾被他们排挤，多次被贬官，他想要为国家收复故土的理想也无法实现，这让他非常悲愤。

西北望长安，可怜无数山。《菩萨蛮》
我朝西北方向遥望曾经的中原都城长安，只可惜被无数重青山阻隔。

四十多岁时，辛弃疾便被革除了官职，在乡村闲居中度过了最后二十多年的时光。其中虽然有过几次短暂复出，但最后依然是壮志未酬，抱憾而终。

未经许可，不得以任何方式复制或抄袭本书之部分或全部内容。
版权所有，侵权必究。

图书在版编目（CIP）数据

爱上古诗文其实很简单.③/比格豹童书著、绘.--北京：电子工业出版社，2023.4
ISBN 978-7-121-45183-6

Ⅰ.①爱… Ⅱ.①比… Ⅲ.①古典诗歌－中国－小学－教学参考资料 ②文言文－小学－教学参考资料
Ⅳ.①G624.203

中国国家版本馆CIP数据核字（2023）第041766号

责任编辑：刘香玉
印　　刷：北京宝隆世纪印刷有限公司
装　　订：北京宝隆世纪印刷有限公司
出版发行：电子工业出版社
　　　　　北京市海淀区万寿路173信箱　邮编：100036
开　　本：889×1194　1/24　印张：22.5　字数：372.9千字
版　　次：2023年4月第1版
印　　次：2023年4月第1次印刷
定　　价：180.00元（全6册）

凡所购买电子工业出版社图书有缺损问题，请向购买书店调换。若书店售缺，请与本社发行部联系，联系及邮购电话：（010）88254888，88258888。
质量投诉请发邮件至zlts@phei.com.cn，盗版侵权举报请发邮件至dbqq@phei.com.cn。
本书咨询联系方式：（010）88254161转1826，lxy@phei.com.cn。